KB262424

한글 세대를 위한 독송용

불유교경

한글 세대를 위한 독송용

불유교경

부처님의 유언—무비 스님·조현춘 공역

운주사

‘사람은 어떻게 살아야 하는가?’

이 질문은 인간이 그 역사를 시작하면서부터 품어온 인간존재에 대한 본질적인 문제일 것입니다. 이것은 매우 어려운 문제지만 그러나 쉽게 대답할 수 있는 말은 ‘사람으로서 가장 사람답게 사는 일’이라고 할 수 있을 것입니다. 그렇습니다. 사람인 이상 무엇보다도 중요하며 우선해야 할 일이 있다면 그것은 사람으로서 가장 사람답게 사는 일입니다.

그렇다면 어떻게 사는 것이 사람으로서 가장 사람답게 사는 일이겠습니까? 그 문제에 대한 올바른 길을 제시하기 위해서 그 동안 수많은 현철들이 세상에 오시어 많은 가르침들을 남겨 놓았습니다. 불교 역시 사람이 사는 올바른 길을 위한 팔만 사천의 가르침을 제시하고 있습니다.

기계 문명의 발달로 인하여 물질을 누리는 삶은 눈부시게 풍요롭고 편리하게 되었으나 ‘사람으로서 진정 사람답게 사는 것이 무엇인가’라는 문제에서는 실로 그 의문이 적지 않습니다. 이번에 중요 불교 경전을 공역한 대심거사 조현춘 교수님은 심리학을 연구하여 후학들을 가르치는 한편, 행복훈련원을 세워 많은 사람들에게 행복의 길을 안내하는 참으로 소중한 일을 하시는 분입니다.

더구나 근래에는 부처님의 가르침에 심취하여 ‘화엄경과 화이트헤드’를 공부하는 모임을 지도하고 있습니다. 이 모임을 통해 부처님의 진리, 즉 ‘사람이 어떻게 하면 진정 사람답게 사는가?’라는 문제의 해답을 한글세대들의 언어로 제시하고 있습니다. 지금까지 한글다운 한글로 “한글세대를 위한 독송용 불경(금강경, 보현행원품, 아미타경, 지장경, 관음경)”을 출간하였으며, 지금은 법요집과 화엄경을 번역하고 있습니다.

모쪼록 참 진리인 부처님 말씀을 읽고, 그 인연공덕으로 삶의 의미를 깨닫게 되기를 바랍니다.

여천 무비(如天 無比)

일 러 두 기

1. 한글다운 한글로 번역하였습니다.
2. 간단한 설명은 각주로, 긴 설명은 용어해설로 제시하였습니다.
3. 결집자의 설명은 흐린 글씨로 처리하여 대화 내용과 구분하였습니다.
4. 장과 절을 구분하여 독송이나 설법, 연구를 용이하게 하였습니다. 예를 들어, 【2】⑤는 2장 5절을 말합니다.

독경 의식

입으로 지은 업을 씻어내는 진언

수리수리 마하수리 수수리 사바하
(세번)

주위의 신들을 안위하는 진언

나무 사만다 못다남 옴 도로도로

지미 사바하(세번)

경전 독송 전의 계송

높디높고 깊디깊은 부처님말씀
백천만겁 지나가도 듣기힘든데
제가지금 보고들어 지니었으니
부처님의 진실한뜻 이루렵니다.

경전 독송 전의 진언

옴 아라남 아라다(세번)

【1】1) 최초의 설법2)으로 교진여 등을 제도하고 최후의 설법3)으로 수발다라를 제도하여 제도할 사람은 모두 제도하신 석가모니 부처님께서, 제자들을 위하여, 아무 소리도 들리지 않고 고요한 어느 날 깊은 밤 열반에 드실 즈음에, 사라 나무 두 그루 사이에서, 다음과 같이 법의 요점을 간략하게 말씀하시는 것을 제가 보고 들었습

---

1) 새천년 육하원칙 : 모든 불교 경전은 원칙적으로 새천년 육하원칙(육성취), 즉 ① 누가 ② 누구랑 ③ 언제 ④ 어디서 ⑤ 어떻게 하시는 것을 ⑥ 누가 보고 들었는지로 시작되어야 합니다. 【1】장은 서론의 장입니다.
2) 최초의 설법 : 초전법륜, 부처님께서 성불하신 후 처음으로 하신 설법.
3) 최후의 설법 : 부처님의 마지막 설법.

니다.

【2】⁴⁾ ① 스님들이여! 제가 세상을 떠난 후에는 부처님의 계율⁵⁾은 작은 계율 하나라도 참으로 귀중하게 잘 지켜야 합니다. ② 어두움 속에서 만난 빛처럼, 가난 속에서 얻은 보물처럼 참으로 귀중하게 잘 지켜야 합니다. ③ 계율이야말로 참으로 큰 스승이라는 사실을 알아야 합니다. ④ 제가 세상에 더

---

4) 【2】장은 계율의 장입니다.
5) 계율 : 계율은 크게 금계와 권계로 나누어집니다. 금계는 오계 등 금지하는 계율입니다. 오계는 살생하지 마십시오, 도둑질하지 마십시오, 사음하지 마십시오, 거짓말하지 마십시오, 술을 먹지 마십시오 등입니다. 권계는 육바라밀 등 권장하는 계율입니다. 육바라밀은 보시, 지계, 인욕, 정진, 선정, 지혜입니다.

머물더라도 달라질 것은 아무 것도 없습니다. ⑤ 부처님의 계율은 잘 지켜야 합니다. ⑥ 장사를 하지 않아야 하며, 집이나 논밭을 마련하지 않아야 하며, 노비를 갖지 않아야 하며, 짐승이나 채소를 기르지 않아야 하며, 재물을 모으지 않아야 합니다. ⑦ 불구덩이를 피하듯이 이런 것들을 피해야 합니다. ⑧ 초목을 베어 내고 땅을 개간하지 않아야 하며, 약을 만들지 않아야 하며, 관상으로 길흉을 점치지 않아야 하며, 숫자로 운세를 보지 않아야 하며, 별자리로 흥망을 예언하지 않아야 합니다. ⑨ 이런 일들은 절대로 하지 않아야 합니다. ⑩ 몸가짐을 바로 하고, 식사 때에만 식사를 하고, 청정하게 생활해야 합니다. ⑪ 세상일에 참견하지 않아야 하며, 사람을 다스리지 않아야 하며, 주술적인 선약을 만들지 않아야 하며, 높은 사람을 너무 가까이 하지 않아야 하며, 부모형제를 업신여기지 않아야 합니다.

⑫ 이런 일들은 절대로 하지 않아야 합니다. ⑬ 마음을 단정히 하고 바른 생각으로 자신과 남을 제도[6] 해야 합니다. ⑭ 자기 허물을 숨겨 대중을 속이지 않아야 합니다. ⑮ 음식·의복·침구·의약은 쌓아 두지 않아야 하며, 필요한 분량만큼만 공양을 받아야 합니다. ⑯ 지금까지 계율에 대해 간략히 말씀 드렸습니다. ⑰ 계율이야말로 참으로 해탈의 근본이라는 사실을

---

6) 제도 : 자신이나 남을 고통에서 구해 내어 기쁨 세상으로 가도록 하며, 궁극적으로는 부처가 되도록 하는 것.

알아야 합니다. ⑱ 따라서 부처님의 계율은 참으로 잘 지켜야 합니다. ⑲ 계율을 잘 지키면, 선정을 이루고 고통을 없앨 수 있는 지혜가 생깁니다. ⑳ 따라서 부처님의 계율은 조금도 어기지 않고 잘 지켜야 합니다. ㉑ 부처님의 계율을 잘 지키면 좋은 일이 생기며, 부처님의 계율을 지키지 않으면 좋은 일이 전혀 생길 수가 없습니다. ㉒ 계율은 공덕이 머물기에 매우 적절한 곳이라는 사실을 알아야 합니다.

【3】[7] ① 스님들이여! 계율을 하나하나 잘 지켜 나가면서 동시에 오근[8]을 잘 다스려야 합니다. ② 오욕[9]에 빠져 제멋대로 행동하지 않아야 합니다. ③ 소치는 사람이 소가 남의 곡식을 먹지 못하도록 회초리로 소를 잘 지켜야 하는 것과 같습니다. ④ 오욕이나 오근을 따르면 끝없는 낭떠러지로 떨어질

---

7) 【3】장은 마음의 장입니다.
8) 오근(五根) : 눈·귀·코·혀·피부.
9) 오욕(五欲) : 눈·귀·코·혀·피부가 원하는 것, 즉 색성향미촉을 말합니다. 혹은 재·색·음식·명예·수면욕을 말하기도 합니다.

수도 있습니다. ⑤ 사나운 말에 재갈을 채우지 않으면 사람을 구덩이에 떨어지게 할 수도 있습니다. ⑥ 소나 말의 피해는 일생에 그치지만 오근의 피해는 여러 생에 미칩니다. ⑦ 오근의 피해는 참으로 크므로, 절대로 삼가야 합니다. ⑧ 도둑을 지키듯이 오욕에 빠지지 않도록 오근을 잘 다스려야 지혜로운 사람이라고 할 수 있습니다. ⑨ 오근을 다스리지 못하면 오래지 않아 파멸할 수밖에 없습니다.

⑩ 오근의 주인은 바로 마음입니다. ⑪ 따라서 마음을 잘 다스려야 합니다. ⑫ 마음은 독사·맹수·강도·큰불·낭떠러지와는 비교할 수 없을 정도로 훨씬 더 무서운 것입니다. ⑬ 꿀단지를 들고 가면서 발 앞의 구덩이를 보지 못하는 사람이나, 미쳐 날뛰는 코끼리나, 나무 위에서 이리 뛰고 저리 뛰는 원숭이처럼 방일하지 못하도록 마음을 잘 다스려야 합니다. ⑭ 마음을 풀어 놓아버린 사람은 착함을 잃

어버리게 되지만, 마음을 잘 잡아
둔 사람은 모든 착함을 다 이루게
됩니다. ⑮ 따라서, 스님들이여!
부지런히 정진하여 마음을 잘 다
스려야 합니다.

【4】¹⁰⁾ ① 스님들이여! 음식을 먹
을 때에는 약을 먹듯이 해야 합니
다. ② 맛있다고 많이 먹지 않아야
하며, 맛없다고 적게 먹지 않아야
합니다. ③ 배고픔이나 목마름을
없애고 몸을 유지할 수 있을 정도

---

10) 【4】장은 음식의 장입니다.

로만 먹어야 합니다. ④ 벌이 꿀을 딸 때에는 꿀만 따지 빛깔이나 향기는 해치지 않습니다. ⑤ 스님들이여! 공양을 받을 때에는 고통을 없앨 수 있을 정도로만 받아야 합니다. ⑥ 공양을 너무 많이 받아 평상심을 잃지 않아야 합니다. ⑦ 지혜로운 사람은 소의 힘을 헤아려, 감당할 수 있을 정도의 짐만을 지웁니다. ⑧ 지혜로운 사람은 너무 많은 짐을 지워 소의 힘을 탈진시키지 않습니다.

【5】[11] ① 스님들이여! 낮에는 시간을 아껴 법을 닦고 익혀야 합니다. ② 저녁이나 새벽에도 마찬가지입니다. ③ 밤에도 경전을 읽은 후에 쉬어야 합니다. ④ 일생을 소득 없이 잠으로 허송하지 않아야 합니다. ⑤ 무상의 불이 세상을 태우고 있음을 명심하여, 잠만 자지 말고 자신을 제도해야 합니다. ⑥ 밖의 원수보다도 안의 번뇌가 사람을 더 해치는데, 어찌 잠만 자고

---

11) 【5】장은 수면의 장입니다.

있을 수 있겠습니까! ⑦ 어찌 경책하지 않을 수 있겠습니까! ⑧ 큰 독사가 방에 똬리를 틀고 있듯이 번뇌가 마음에 똬리를 틀고 있습니다. ⑨ 계율로써 빨리 물리쳐 없애야 합니다. ⑩ 독사를 내 보내야 편안히 잠을 잘 수가 있습니다. ⑪ 독사를 방안에 두고 잠을 자는 사람은 참으로 미련한 사람입니다. ⑫ 지혜는 모든 아름다움 중에서 최고의 아름다움입니다. ⑬ 쇠갈고리로 독사를 치우듯이 지혜로써

악을 다스려야 합니다. ⑭ 잠시도 쉬지 말고 지혜를 닦아야 합니다. ⑮ 미련하게 되면, 모든 공덕을 다 잃게 됩니다. ⑯ 지혜로운 사람에게는 좋은 일이 생기지만, 미련한 사람은 짐승과 다를 바가 없습니다.

【6】[12] ① 스님들이여! 어떤 사람이 와서 스님의 사지를 마디마디 끊더라도, 마음을 잘 다스려서 절대로 성을 내거나 한을 품지 않아

야 하며, ② 입을 잘 다스려서 절대로 나쁜 말을 하지 않아야 합니다. ③ 성내는 마음을 제멋대로 놓아두면 도를 해쳐서 공덕을 잃게 됩니다. ④ 참음의 공덕은 계율이나 고행의 공덕보다 훨씬 더 큽니다. ⑤ 참는 사람이 진정으로 큰 인물입니다. ⑥ 감로수를 마시듯이 욕됨을 기꺼이 받아들이고 웃음과 고마움으로 넘길 수 있어야 합니다. 그렇게 하지 못하는 사람은 지혜로운 도인이라고 할 수 없습니다. ⑦ 성냄은 모든 착함을 파괴하고 좋은 명성을 무너뜨려서 지금 세상이나 미래 세상의 사람들이 싫어하게 됩니다. ⑧ 성내는 마음은 맹렬히 타오르는 불보다도 더 무섭다는 것을 알아야 합니다. ⑨ 조금도 성내는 마음이 일어나지 않도록 마음을 잘 다스려야 합니다. ⑩ 공덕을 훔쳐 가는 가장 큰 도둑은 성냄입니다. ⑪ 재가자는 도를 닦는 사람이 아니므로 참지 못하고 성을 내어도 어느 정도

용서받을 수 있지만, 욕심을 버리고 출가하여 도를 닦는 사람은 절대로 성을 내지 않아야 합니다. ⑫ 구름 한 점 없는 청명한 하늘에서는 천둥 번개가 일어날 수 없습니다.

【7】[13] ① 스님들이여! 스님들은 머리를 깎고, 장신구를 버리고, 누더기를 입고, 바루 걸식으로 살아가야 합니다. ② 이 점을 명심하여, 교만한 마음이 일어나면, 빨리

---

13) 【7】장은 교만의 장입니다.

없애버려야 합니다. ③ 세속 사람들도 교만한 마음을 키우지 않아야 하는데, 해탈을 위해 출가하여 마음을 낮추고 걸식을 하며 도를 닦는 사람이 어찌 교만한 마음을 키울 수 있겠습니까!

【8】[14] ① 스님들이여! 아첨하는 것은 도와 어긋난다는 사실을 알아야 합니다. ② 순수하고 진솔해야 합니다. ③ 아첨하는 것은 속임수라는 사실을 알아야 합니다. ④

---

14) 【8】장은 아첨의 장입니다.

도를 닦으려는 사람은 아첨하지 않아야 합니다. ⑤ 따라서 마음을 단정하고 순수하고 진솔하게 가져야 합니다.

【9】[15] ① 스님들이여! 욕심이 많은 사람은 고뇌도 많다는 것을 알아야 합니다. ② 욕심을 줄여 가면 고뇌가 점차 없어집니다. ③ 따라서 욕심을 줄이기 위해 항상 수행해야 합니다. ④ 더구나 욕심이 없어지는 만큼 공덕들이 생겨납니

---

15) 【9】장은 욕심의 장입니다.

다. ⑤ 욕심이 없는 사람은 아첨하지 않으며, 감각적인 일에 끌려 다니지도 않습니다.[16] ⑥ 욕심을 없애는 수행을 하는 사람은 슬픔이나 두려움이 없고 마음이 평온합니다. ⑦ 여유가 있고, 항상 만족합니다. ⑧ 욕심이 없어야 최고의 기쁨을 누릴 수 있게 됩니다. ⑨ 따라서 참으로 욕심을 없애야 합니다.

【10】[17] ① 스님들이여! 고뇌에

---

16) 감각적인 일에 끌려간다는 것은 눈·귀·코·혀·피부가 바라는 것에 걸려서 색·성·향·미·촉을 지나치게 추구하는 것을 말합니다.
17) 【10】장은 만족의 장입니다.

서 벗어나려면, 만족할 줄 알아야 합니다. ② 만족할 줄 아는 사람은 어디서나 넉넉하고 즐겁고 안온합니다. ③ 만족할 줄 아는 사람은 맨 땅 위에 누워 있어도 편안하고 즐겁습니다. ④ 만족할 줄 모르는 사람은 천당에 있어도 불편하고 괴롭습니다. ⑤ 만족할 줄 모르는 사람은 가진 것이 많아도 쪼달립니다. ⑥ 만족할 줄 아는 사람은 가진 것이 없어도 넉넉합니다. ⑦ 만족할 줄 모르는 사람은 항상 오욕에 끌려 다니기 때문에, 만족할 줄 아는 사람이 이를 불쌍하게 여깁니다. ⑧ 따라서 참으로 만족할 줄 알아야 합니다.

【11】[18] ① 스님들이여! 참으로 안락하려면 시끄러운 곳을 떠나 조용하고 한가한 곳에 있는 것이 좋습니다. ② 조용하고 한가한 곳에 있는 사람은 제석천 하느님도 공경합니다. ③ 이런 저런 것들을 모두 떠나 홀로 조용하고 한가한

---

18) 【11】장은 안거의 장입니다.

곳에서 괴로움의 근원을 없애야 합니다. ④ 무리를 좋아하는 사람은 무리 때문에 괴로움을 받습니다. ⑤ 새가 많이 모여드는 나무는 말라죽을 수도 있습니다. ⑥ 속세의 일에 집착하여 괴로워하는 것은 늙은 코끼리가 늪에 빠져서 헤어 나오지 못하는 것과 같습니다. ⑦ 따라서 참으로 속세를 멀리 떠나야 합니다.

【12】[19] ① 스님들이여! 꾸준히

정진하면 어려운 일이 없어질 것입니다. ② 따라서 꾸준히 정진해야 합니다. ③ 작은 물방울도 쉬지 않고 떨어지면 바위를 뚫습니다. ④ 수행자가 꾸준히 수행하지 않고 자주 게으름을 피우면 해탈을 이룰 수가 없는 것은, 불씨를 얻으려는 사람이 불씨를 얻기 전에 쉬면 불씨를 얻지 못하는 것과 같습니다. ⑤ 따라서 참으로 꾸준히 정진해야 합니다.

【13】[20] ① 스님들이여! 항상 온

마음과 온 몸으로 좋은 스승이나 좋은 도반을 생각해야 합니다. ② 항상 온 마음과 온 몸으로 생각하는 사람에게는 어떤 번뇌도 들어올 수가 없습니다. ③ 따라서 항상 온 마음과 온 몸으로 생각해야 합니다. ④ 좋은 스승이나 좋은 도반에 대한 생각을 잠시라도 놓치게 되면, 여러 공덕들을 잃어버릴 수도 있습니다. ⑤ 갑옷을 잘 챙겨 입으면 적진에 들어가도 두려울

---

20) 【13】장은 염의 장입니다.

것이 없듯이, '항상 온 마음과 온 몸으로 생각하는 힘'이 굳고 강하면 오욕의 해침을 받지 않습니다. ⑥ 따라서 참으로 '항상 온 마음과 온 몸으로 생각'해야 합니다.

【14】[21] ① 스님들이여! 마음을 잘 다스려 안정시켜야 합니다. ② 마음이 안정되면 세상의 생멸을 모두 알 수 있게 됩니다. ③ 따라서 선정을 부지런히 닦아 마음이 흩어지지 않도록 해야 합니다. ④

---

21) 【14】장은 선정의 장입니다.

물을 귀하게 여기는 사람이 제방을 잘 관리하듯이, 수행을 하기로 한 사람은 지혜의 제방을 잘 관리해야 합니다. ⑤ 선정을 잘 닦아 지혜의 물이 새지 않도록 해야 합니다. ⑥ 참으로 선정을 잘 닦아야 합니다.

【15】[22] ① 스님들이여! 지혜가 있으면, 탐욕에 걸리지 않게 됩니다. ② 항상 스스로를 잘 성찰하여 지혜를 잃지 않아야 합니다. ③ 그

래야 부처님의 법을 통해 해탈을 이룰 수가 있게 됩니다. ④ 그렇게 하지 못하는 사람은 수행자라고 할 수 없으며, 신도라고 할 수도 없으며, 뭐라고 이름할 수도 없습니다. ⑤ 지혜는 늙음과 질병과 죽음의 고통 바다를 건널 수 있는 견고한 배입니다. ⑥ 어두움을 밝힐 수 있는 큰 등불입니다. ⑦ 병을 고칠 수 있는 좋은 약입니다. ⑧ 번뇌의 나무를 잘라버릴 수 있는 예리한 도끼입니다. ⑨ 따라서 지혜를 받아들이고, 지혜를 생각하고, 지혜를 닦아서 지혜를 밝혀야 합니다. ⑩ 지혜가 밝아지면, 하늘의 눈이 없던 사람도 밝게 잘 볼 수 있게 됩니다. ⑪ 따라서 참으로 지혜를 잘 닦아야 합니다.

【16】²³⁾ ① 스님들이여! 쓸데없는 말을 많이 할수록 그만큼 마음이 더 산란하게 됩니다. ② 출가를 했더라도 쓸데없는 말로 마음을 산란하게 하면 해탈을 이룰 수가

---

23) 【16】장은 희론의 장입니다.

없습니다. ③ 쓸데없는 말로 마음을 산란하게 하는 일은 절대로 하지 않아야 합니다. ④ 적멸의 즐거움을 얻으려면 '쓸데없는 말'의 병에서 완전히 벗어나야 합니다. ⑤ 따라서 쓸데없는 말은 절대로 하지 않아야 합니다.

【17】[24] ① 스님들이여! 항상 일심으로 공덕을 지어야 합니다. ② 도둑을 경계하듯이, 게으름을 경계해야 합니다. ③ 대자대비하신

---

24) 【17】장은 공덕의 장입니다.

부처님들께서는 '모두가 구경열반[25]에 들 수 있는 길'을 설해 주셨습니다. ④ 부지런히 수행해야 합니다. ⑤ 산에서나, 습지에서나, 나무 밑에서나, 조용한 실내에서나 잠시도 잊지 말고 간절히 부처님의 법을 생각해야 합니다. ⑥ 항상 열심히 공덕수행을 잘 해야 합니다. ⑦ 공덕을 이루지 못하고 헛되이 죽으면 후회하게 됩니다. ⑧ 저는 병에 따라 약을 잘 처방하

---

25) 구경열반 : 최고의 바른 깨달음, 완전한 깨달음.

는 의사와 같습니다. 처방한 약을 복용하지 않는 것은 의사의 탓이 아닙니다. ⑨ 저는 길을 잘 인도하는 안내자와 같습니다. 인도한 길을 가지 않는 것은 안내자의 잘못이 아닙니다.

【18】[26] ① 사성제 등에 대하여 의심이 있으면 지금 질문하십시오. 모든 의심을 완전히 해결하십시오. ② 아무도 의심이 없었기 때문에, 부처님께서 세 번을 거듭 말

---

26) 【18】장은 의심해결의 장입니다.

씀하셨지만 묻는 사람이 없었습니다. ③ 의심이 없는 대중의 마음을 알고 아누루다님께서 말씀하셨습니다. ④ 부처님이시여! 달은 뜨거워질 수 있고, 해는 차가워질 수 있으나, 사성제는 달라질 수가 없습니다. ⑤ 고성제는 '즐거움일 수 없는 고통 그 자체'입니다. ⑥ 집성제는 '다른 원인을 찾을 수 없는 고통의 원인 그 자체'입니다. ⑦ 멸성제는 '고통을 없애려면 고통의 원인을 없애야 하며, 고통의 원인이 없어지면 고통이 없어진다는 원리 그 자체'입니다. ⑧ 도성제는 '다른 길을 생각할 수 없는, 고통을 없애는 참된 길 그 자체'입니다. ⑨ 부처님이시여, 사성제에 대해서 조금이라도 의심하는 스님은 한 명도 없습니다.

【19】[27] ① 제대로 알지 못하다가 부처님의 제도를 받은 대중들은 너무나 감격하여 눈물을 비오듯이 흘렸습니다. ② 처음으로 부처님

---

27) 【19】장은 제도의 장입니다.

의 설법을 들은 사람들도 어두운 밤에 번갯불로 길을 찾은 것처럼 부처님의 설법으로 모두 제도되었습니다. ③ 제대로 알게 되어 고통바다를 벗어난 사람들은 모두 '부처님께서는 왜 이렇게도 빨리 가시려는가!'라는 생각뿐이었습니다. ④ 아누루다님께서 '대중이 모두 사성제의 뜻을 잘 알고 있다'고 말씀드렸지만, 부처님께서는 대중들이 더 확실히 알도록 하기 위해 대비심으로 다시 설하셨습니다. ⑤

스님들이여! 슬퍼하지 마십시오.
⑥ 제가 세상에 한 겁을 더 머문다 하더라도 언젠가는 반드시 떠날 것입니다. ⑦ 만난 사람은 언젠가는 반드시 이별하게 됩니다. ⑧ 자신도 이롭게 하고 남도 이롭게 하는 법들은 모두 이미 말씀드렸습니다. ⑨ 제가 세상에 영구히 머물더라도 더 이상의 별 이로움은 없을 것입니다. ⑩ 제가 제도할 하느님이나 사람은 모두 제도하였습니다. ⑪ 아직 제도하지 못한 하느님

이나 사람에게는 제도받을 인연을
지어 드렸습니다.

【20】[28] ① 쉬지 않고 '제가 가르
쳐 드린 법'을 수행하는 곳에는 부
처님의 법신이 항상 함께 하실 것
입니다. ② 부처님의 법신은 없어
지지 않습니다. ③ 세상만사는 모
두가 무상하다는 것을 알아야 합
니다. ④ 만남이 있으면 반드시 이
별이 있게 마련입니다. ⑤ 슬퍼하
지 마십시오. ⑥ 세상만사가 다 그

---

28) 【20】장은 법신과 육신의 장입니다.

렇습니다. ⑦ 부지런히 정진하여 하루 속히 해탈하십시오. ⑧ 지혜를 밝혀서 어리석음의 암흑을 없애십시오. ⑨ 세상에서 변하지 않는 것은 하나도 없으며, 모두가 다 변합니다. ⑩ 제가 지금 이 세상을 떠나는 것은 질병을 제거하는 것과 같습니다. ⑪ 버리려는 이 몸은 '태어남과 늙음과 질병과 죽음의 큰 바다에 떠다니는, 거짓으로 몸이라고 부르는 죄악의 물건'입니다. ⑫ 몸을 제거하여 없애는 것은 도둑을 잡는 것과 같습니다. ⑬ 지혜로운 사람이 어찌 이를 기뻐하지 않을 수 있겠습니까!

【21】²⁹⁾ ① 스님들이여! 일심으로 부지런히 수행하여, 번뇌에서 벗어나도록 하십시오. ② 움직이는 존재나 움직이지 않는 존재나 세상의 모든 존재는 다 무너지고 파괴됩니다. ③ 무너지지 않는 것은 세상에 아무 것도 없습니다. ④ 스님들이여! 아무 말씀도 하지 마

---

29) 【21】장은 부촉의 장입니다.

십시오. ⑤ 이제 제가 이 세상을 떠날 시간이 되었습니다. ⑥ 이것이 저의 마지막 당부입니다.

〈한글 세대를 위한 독송용 불유교경 끝〉

석가모니 부처님 정근

영산회상 밝은날에

법화경을 설해주고

사라나무 깊은밤에

유교경을 설해주신

부처님을 온마음과

온몸으로 염합니다.

석가모니불![30] ……

…… 석가모니불!

---

30) 석가모니불! : "석가모니불!", "석가모니 부처님!" "나무 석가모니불!" "나무 석가모니 부처님!" 중 어느 방식으로 염송해도 좋으나 일반적으로 "석가모니불!"로 염송합니다.

천상천하 존귀하신 우리부처님

시방세계 누구보다 귀하십니다.

구석구석 빠짐없이 다찾아봐도

부처님이 가장높고 귀하십니다.

석가모니 부처님길 일심으로 가렵

니다.(세번)

佛 遺 教 經 _{불유교경}

鳩摩羅什 古代中國漢語 譯 趙顯春 整理
구마라집 고대중국한어 역 조현춘 정리

중국 한어 일러두기

1. 고려 대장경의 "고대 중국 한어 불유교경"을 정리하였습니다.
2. 약자는 정자로 바꾸었습니다.
3. 결집자의 설명은 흐린 글씨로 처리하여 대화 내용과 구분하였습니다.
4. 장과 절을 구분하여 독송이나 설법, 연구를 용이하게 하였습니다. 예를 들어, 【2】⑤는 2장 5절을 말합니다.

淨口業眞言
정구업진언

수리수리 마하수리 수수리 사바
하(세번)

五方內外安慰諸神眞言
오방내외안위제신진언

나무 사만다 못다남 옴 도로도로
지미 사바하(세번)

開經偈
개경게

無上甚深微妙法　百千萬劫難遭遇
무상심심미묘법　백천만겁난조우

我今聞見得受持　願解如來眞實義
아금문견득수지　원해여래진실의

開法藏眞言
개법장진언

옴 아라남 아라다(세번)

【1】 釋迦牟尼佛 初轉法輪 度阿
　　　석가모니불 초전법륜 도아

若憍陳如　冣後說法31)　度湏跋陁
약교진여　최후설법　　도수발다

羅32)　所應度者 皆已度訖, 於娑羅
라　　소응도자 개이도흘, 어사라

雙樹間, 將入涅槃 是時中夜 寂然
쌍수간, 장입열반 시시중야 적연

無聲, 爲諸弟子, 略說法要.
무성, 위제제자, 약설법요.

---

31) 冣後說法 — 最***. 고려대장경에는 冣後說法으로 되어 있고 일부 유통본에는 冣後
　　說法으로 되어 있어 '최'자가 서로 다릅니다. 즉 본문과 앞의 글자가 바른 글자입니
　　다. 이하는 같은 방식으로 정리합니다.

32) 湏跋陁羅 — 須*陀*.

【2】① 汝等比丘, 於我滅後 當
　　　① 여등비구, 어아멸후 당

尊重珍敬33) 波羅提木叉. ② 如闇
존중진경　　바라제목차. ② 여암

遇明 貧人得寶. ③ 當知 此則是
우명 빈인득보. ③ 당지 차즉시

汝大師.34) ④ 若我住世 無異此
여대사. ④ 약아주세 무이차

也. ⑤ 持淨戒者 不得 販賣貿易
야. ⑤ 지정계자 부득 판매무역

---

33) 尊重珍敬 － **珍*
34) 是汝大師 － *汝等**

安置田宅, ⑥ 畜養人民奴婢畜生
안치전택, ⑥ 축양인민노비축생

一切種植 及諸財寶. ⑦ 皆當遠離
일체종식 급제재보. ⑦ 개당원리

如避火坑. ⑧ 不得 斬伐草木 墾
여피화갱. ⑧ 부득 참벌초목 간

土掘地, 合和湯藥, 占相吉凶, 仰
토굴지, 합화탕약, 점상길흉, 앙

觀星宿 推步盈虛, 歷數算計. ⑨
관성숙 추보영허, 역수산계. ⑨

皆所不應. ⑩ 節身時食 淸淨自
개소불응. ⑩ 절신시식 청정자

活. ⑪ 不得 參預世事 通致使命
활. ⑪ 부득 참예세사 통치사명

呪術仙藥 結好貴人 親厚媟嫚.35)
주술선약 결호귀인 친후설만.

⑫ 皆不應作. ⑬ 當自端心 正念
⑫ 개불응작. ⑬ 당자단심 정념

求度. ⑭ 不得 苞藏瑕疵36) 顯異
구도. ⑭ 부득 포장하자　　현이

惑衆. ⑮ 於四供養 知量知足 趣
혹중. ⑮ 어사공양 지량지족 취

---

35) 親厚媟嫚 - ***慢
36) 苞藏瑕疵 - 包***

得供事 不應稸積.37) ⑯ 此則略說
득공사 불응축적.　⑯ 차즉약설

持戒之相. ⑰ 戒是正順解脫之本.
지계지상. ⑰ 계시정순해탈지본.

⑱ 故名波羅提木叉. ⑲ 依因此
⑱ 고명바라제목차. ⑲ 의인차

戒38) 得生諸禪定 及滅苦智慧. ⑳
계　 득생제선정 급멸고지혜. ⑳

是故比丘 當持淨戒 勿令毀犯.39)
시고비구 당지정계 물령훼범.

---

37) 不應稸積 － **畜*
38) 依因此戒 － 因依**
39) 勿令毀犯 － ***缺

㉑ 若人能持淨戒 是則能有善法,
㉑ 약인능지정계 시즉능유선법,

若無淨戒 諸善功德 皆不得生. ㉒
약무정계 제선공덕 개부득생. ㉒

是以當知 戒爲第一 安隱功德之
시이당지 계위제일 안은공덕지

所住處.40)
소주처.

【3】① 汝等比丘, 已能住戒. 當
      ① 여등비구, 이능주계. 당

制五根 ② 勿令放逸 入於五欲.
제오근 ② 물령방일 입어오욕.

---

40) 安隱功德之所住處 － *穩**住處(일부 유통분에는 之所가 없음)

③ 譬如 牧牛之人 執杖視之 不令
③ 비여 목우지인 집장시지 불령

縱逸 犯人苗稼. ④ 若縱五根 非
종일 범인묘가. ④ 약종오근 비

唯五欲, 將無崖畔[41]不可制也. ⑤
유오욕, 장무애반 불가제야. ⑤

亦如惡馬 不以轡制 將當牽人 墜
역여악마 불이비제 장당견인 추

於坑陷,[42] ⑥ 如被劫害[43] 苦止一
어갱함, ⑥ 여피겁해   고지일

---

41) 將無崖畔 — **涯*
42) 墜於坑陷 — ***埳
43) 如被劫害 — ***賊

世　五根賊禍　殃及累世　⑦　爲害甚
세　오근적화　앙급누세　⑦　위해심

重　不可不愼.　⑧　是故智者　制而
중　불가불신.　⑧　시고지자　제이

不隨　持之如賊[44]　不令縱逸.　⑨
불수　지지여적　　　불령종일.　⑨

假令縱之　皆亦不久　見其磨滅.　⑩
가령종지　개역불구　견기마멸.　⑩

此五根者　心爲其主.[45]　⑪　是故
차오근자　심위기주.　　⑪　시고

---

44) 持之如賊 － **女*
45) 心爲其主 － **基*

汝等 當好制心. ⑫ 心之可畏 甚
여등 당호제심. ⑫ 심지가외 심

於毒虵[46] 惡獸 怨賊 大火 越逸
어독사　악수 원적 대화 월일

未足喩也.[47] 動轉輕躁 但觀於蜜
미족유야.　동전경조 단관어밀

不見深坑. ⑬ 譬如 狂象無鉤[48]
불견심갱. ⑬ 비여 광상무구

猿猴得樹 騰躍跳躑[49] 難可禁制,
원후득수 등약도척　　난가금제,

---

46) 甚於毒虵 － ＊＊＊蛇
47) 일부 유통본에는 譬如有人, 手執蜜器가 있음.
48) 譬如狂象無鉤 － 又＊＊＊＊＊
49) 騰躍跳躑 － ＊＊踔＊, ＊＊蹻＊

當急挫之 無令放逸. ⑭ 縱此心者
당급좌지 무령방일. ⑭ 종차심자

喪人善事,　制之一處　無事不辦.
상인선사,　제지일처　무사불판.

⑮　是故　比丘　當勤精進　折伏其
⑮　시고　비구　당근정진　절복기

心.50)
심.

【4】① 汝等比丘, 受諸飮食　當
　　　① 여등비구, 수제음식　당

如服藥,　② 於好於惡　勿生增減,
여복약,　② 어호어악　물생증감,

---

50) 折伏其心 － **汝*

64

③ 趣得支身 以除飢渴. ④ 如蜂
③ 취득지신 이제기갈. ④ 여봉

採花51)但取其味 不損色香. ⑤ 比
채화 단취기미 불손색향. ⑤ 비

丘亦爾 受人供養 趣自除惱 ⑥ 無
구역이 수인공양 취자제뇌 ⑥ 무

得多求 壞其善心. ⑦ 譬如 智者
득다구 괴기선심. ⑦ 비여 지자

籌量牛力 所堪多少 ⑧ 不令過分
주량우력 소감다소 ⑧ 불령과분

以竭其力.
이갈기력.

---

51) 如蜂採花 － ***華

【5】 ① 汝等比丘, 晝則勤心 修
　　　① 여등비구, 주즉근심 수

習善法　無令失時.　② 初夜後夜
습선법　무령실시.　② 초야후야

亦勿有廢.　③ 中夜誦經　以自消
역물유폐.　③ 중야송경　이자소

息.　④ 無以睡眠因緣 令一生空過
식.　④ 무이수면인연　영일생공과

無所得也.　⑤ 當念　無常之火　燒
무소득야.　⑤ 당념　무상지화　소

諸世間, 早求自度　勿睡眠也.　⑥
제세간, 조구자도　물수면야.　⑥

諸煩惱賊　常伺煞人[52]　甚於怨家,
제번뇌적　상사살인　　심어원가,

安可睡眠　⑦　不自警寤.　⑧　煩惱
안가수면　⑦　부자경오.　⑧　번뇌

毒蚖[53]睡在汝心.　譬如　黑蚖在汝
독사　수재여심.　비여　흑완재여

室睡.　⑨　當以持戒之鈎　早摒除
실수.　⑨　당이지계지구　조병제

之.[54]　⑩　睡蚖旣出[55]乃可安眠.
지.　⑩　수사기출　내가안면.

---

⑪　不出而眠　是無慙人也.56)　⑫
⑪　불출이면　시무참인야.　　　⑫

慙耻之服57)　於諸莊嚴　寂爲第
참치지복　　어제장엄　최위제

一.58)　⑬　慙如鐵鉤　能制人非法.
일.　　⑬　참여철구　능제인비법.

⑭　是故比丘59)　常當慙耻60)　無得
⑭　시고비구　　상당참치　　무득

暫替.　⑮　若離慙耻61)　則失諸功
잠체.　⑮　약이참치　　즉실제공

---

56) 是無慙人也 – 일부유통본에는 也가 없음.
57) 慙耻之服 – *耻**
58) 寂爲第 – 最***
59) 是故比丘 – 일부 유통본에는 比丘가 없음.
60) 常當慙耻 – ***耻
61) 若離慙耻 – ***耻

德. ⑯ 有愧之人　則有善法　若無
덕. ⑯ 유괴지인　즉유선법　약무

愧者　與諸禽獸　無相異也.
괴자　여제금수　무상이야.

【6】① 汝等比丘, 若有人來　節
　　　① 여등비구, 약유인래　절

節支解　當自攝心　無令瞋恨. ②
절지해　당자섭심　무령진한. ②

亦當護口　勿出惡言. ③ 若縱恚心
역당호구　물출악언. ③ 약종에심

則自妨道[62] 失功德利. ④ 忍之爲
즉자방도　　실공덕리. ④ 인지위

德　持戒苦行　所不能及.　⑤　能行
덕　지계고행　소불능급.　⑤　능행

忍者,　乃可名爲　有力大人.　⑥　若
인자,　내가명위　유력대인.　⑥　약

其不能　歡喜忍受　惡罵之毒　如飮
기불능　환희인수　악매지독　여음

甘露者　不名入道智慧人也.　⑦　所
감로자　불명입도지혜인야.　⑦　소

以者何　瞋恚之害　能破諸善法[63]
이자하　진에지해　능파제선법

壞好名聞, 今世後世 人不憘見.⁶⁴⁾
괴호명문, 금세후세 인불희견.

⑧ 當知瞋心 甚於猛火. ⑨ 常當
⑧ 당지진심 심어맹화. ⑨ 상당

防護無令得入 ⑩ 劫功德賊 無過
방호무령득입 ⑩ 겁공덕적 무과

瞋恚. ⑪ 白衣受欲 非行道人 無
진에. ⑪ 백의수욕 비행도인 무

法自制 瞋猶可恕, 出家行道無欲
법자제 진유가서, 출가행도무욕

之人 而懷瞋恚 甚不可也. ⑫ 譬
지인 이회진에 심불가야. ⑫ 비

---

64) 人不憘見 ― **喜*

71

如 淸冷雲中　霹靂起火　非所應也.
여 청냉운중　벽력기화　비소응야.

【7】① 汝等比丘,　當自摩頭　已
　　　① 여등비구,　당자마두　이

捨飾好　著壞色衣　執持應器　以乞
사식호　착괴색의　집지응기　이걸

自活. ②　自見如是　若起憍慢　當
자활. ②　자견여시　약기교만　당

疾滅之. ③　增長憍慢　尚非世俗
질멸지. ③　증장교만　상비세속

白衣所宜　　何況65)出家入道之人
백의소의　　하황　출가입도지인

<hr>

65) 何況 - *況

爲解脫故 自降其心[66]而行乞耶.
위해탈고 자항기심 　이행걸야.

【8】① 汝等比丘, 諂曲之心 與
　　　 ① 여등비구, 첨곡지심 여

道相違 ② 是故宜應 質直其心.
도상위 ② 시고의응 질직기심.

③ 當知 諂曲 但爲欺誑 ④ 入道
③ 당지 첨곡 단위기광 ④ 입도

之人 則無是處. ⑤ 是故汝等 宜
지인 즉무시처. ⑤ 시고여등 의

當端心 以質直爲本.
당단심 이질직위본.

【9】 ① 汝等比丘, 當知 多欲之
　　　① 여등비구, 당지 다욕지

人 多求利故 苦惱亦多. ② 少欲
인 다구이고 고뇌역다. ② 소욕

之人 無求無欲 則無此患. ③ 直
지인 무구무욕 즉무차환. ③ 직

爾少欲 尙應修習.[67] ④ 何況[68]
이소욕 상응수습. 　④ 하황

少欲能生 諸善功德. ⑤ 少欲之人
소욕능생 제선공덕. ⑤ 소욕지인

---

67) 尙應修習 - *宜**
68) 何況 - *況

則無諂曲 以求人意. 亦復不爲 諸
즉무첨곡 이구인의. 역부불위 제

根所牽. ⑥ 行少欲者 心則坦然
근소견. ⑥ 행소욕자 심즉탄연

無所憂畏 ⑦ 觸事有餘 常無不足.
무소우외 ⑦ 촉사유여 상무부족.

⑧ 有少欲者 則有涅槃. ⑨ 是名
⑧ 유소욕자 즉유열반. ⑨ 시명

少欲.
소욕.

【10】 ① 汝等比丘, 若欲 脫諸苦
       ① 여등비구, 약욕 탈제고

惱 當觀知足. ② 知足之法 卽是
뇌 당관지족. ② 지족지법 즉시

富樂安隱之處.[69] ③ 知足之人 雖
부락안은지처. ③ 지족지인 수

臥地上 猶爲安樂. ④ 不知足者
와지상 유위안락. ④ 부지족자

雖處天堂 亦不稱意. ⑤ 不知足者
수처천당 역부칭의. ⑤ 부지족자

雖富而貧. ⑥ 知足之人 雖貧而
수부이빈. ⑥ 지족지인 수빈이

富. ⑦ 不知足者 常爲 五欲所牽
부. ⑦ 부지족자 상위 오욕소견

─────────────
69) 卽是富樂安隱之處 - *****穩**

76

爲知足者之所憐愍. ⑧ 是名知足.
위지족자지소연민. ⑧ 시명지족.

【11】① 汝等比丘, 若求寂靜 無
       ① 여등비구, 약구적정 무

爲安樂70) 當離憒鬧 獨處閑居.71)
위안락   당리궤료 독처한거.

② 靜處之人 帝釋諸天 所共敬重.
② 정처지인 제석제천 소공경중.

③ 是故當捨 己衆他衆 空閑獨
③ 시고당사 기중타중 공한독

處72)思滅苦本. ④ 若樂衆者 則受
처　사멸고본. ④ 약요중자 즉수

衆惱. ⑤ 譬如大樹 衆鳥集之 則
중뇌. ⑤ 비여대수 중조집지 즉

有 枯折之患. ⑥ 世間縛著 沒於
유　고절지환. ⑥ 세간박착 몰어

衆苦. 譬如 老象溺泥 不能自出.
중고. 비여 노상익니 불능자출.

⑦ 是名遠離.
⑦ 시명원리.

【12】① 汝等比丘, 若勤精進 則
　　　① 여등비구, 약근정진 즉

事無難者. ②　是故汝等　當勤精
사무난자. ②　시고여등　당근정

進. ③　譬如　小水常流73)則能穿
진. ③　비여　소수상류　즉능천

石. ④　若行者之心　數數懈廢. 譬
석. ④　약행자지심　삭삭해폐. 비

如鑽火　未熱而息　雖欲得火　火難
여찬화　미열이식　수욕득화　화난

可得. ⑤　是名精進.
가득. ⑤　시명정진.

【13】①　汝等比丘, 求善知識　求
　　　　①　여등비구, 구선지식　구

---

73) 小水常流 － **長*

善護助 而不忘念.74) ② 若不忘念
선호조 이불망념.　② 약불망념

者75)　諸煩惱賊 則不能入. ③ 是
자　제번뇌적 즉불능입. ③ 시

故汝等 常當 攝念在心. ④ 若 失
고여등 상당 섭념재심. ④ 약 실

念者則 失諸功德. ⑤ 若念力堅强
념자즉 실제공덕. ⑤ 약염력견강

雖入五欲賊中 不爲所害. 譬如 著
수입오욕적중 불위소해. 비여 착

---

74) 而不忘念 － 無如***
75) 若不忘念者 － *有****

鎧入陳 則無所畏. ⑥ 是名不忘
개입진 즉무소외. ⑥ 시명불망

念.
념.

【14】① 汝等比丘, 若攝心者 心
      ① 여등비구, 약섭심자 심

則在定. ② 心在定故 能知世間生
즉재정. ② 심재정고 능지세간생

滅法相. ③ 是故汝等 常當精勤
멸법상. ③ 시고여등 상당정근

修集諸定.76) 若得定者 心則不
수집제정. 약득정자 심즉불

---

76) 修集諸定 - *習**

亂.77) ④ 譬如 惜水之家 善治堤
란.　④ 비여 석수지가 선치제

塘. 行者亦爾 爲智慧水 ⑤ 故 善
당. 행자역이 위지혜수 ⑤ 고 선

修禪定 令不漏失. ⑥ 是名爲定.
수선정 영불루실. ⑥ 시명위정.

【15】① 汝等比丘, 若有智慧 則
　　　① 여등비구, 약유지혜 즉

無貪著. ② 常自省察 不令有失.
무탐착. ② 상자성찰 불령유실.

③ 是則於我法中 能得解脫. ④
③ 시즉어아법중 능득해탈. ④

若不爾者 旣非道人 又非白衣 無
약불이자 기비도인 우비백의 무

所名也. ⑤ 實智慧者 則是 度老
소명야. ⑤ 실지혜자 즉시 도노

病死海 堅牢船也. ⑥ 亦是 無明
병사해 견뢰선야. ⑥ 역시 무명

黑闇78) 大明燈也. ⑦ 一切病苦之
흑암 대명등야. ⑦ 일체병고지

良藥也.79) ⑧ 伐煩惱樹者之利斧
량약야. ⑧ 벌번뇌수자지리부

---

78) 亦是無明黑闇 - *****暗
79) 一切病苦之良藥也 - ***者****

也.80) ⑨ 是故汝等 當以聞思修慧
야. ⑨ 시고여등 당이문사수혜

而自增益. ⑩ 若人 有智慧之照
이자증익. ⑩ 약인 유지혜지조

雖無天眼81)而是明見人也. ⑪ 是
수무천안 이시명견인야. ⑪ 시

爲智慧.82)
위지혜.

【16】 ① 汝等比丘, 若 種種戲
     ① 여등비구, 약 종종희

---

80) 伐煩惱樹者之利斧也 - ****(者없음)****
81) 雖無天眼 - *是肉*
82) 是爲智慧 - *名**

論83)　其心則亂.　②　雖復出家　猶
론　　　기심즉난.　②　수부출가　유

未得脫.　③　是故比丘　當急捨離
미득탈.　③　시고비구　당급사리

亂心戲論.　④　若汝欲得　寂滅樂者
난심희론.　④　약여욕득　적멸락자

唯當善滅　戲論之患.　⑤　是名不戲
유당선멸　희론지환.　⑤　시명불희

論.
론.

【17】　①　汝等比丘,　於諸功德　常
　　　　①　여등비구,　어제공덕　상

當一心 ② 捨諸放逸　如離怨賊.
당일심 ② 사제방일　여이원적.

③　大悲世尊　所欲利益[84]皆已究
③　대비세존　소욕이익　개이구

竟. ④ 汝等　但當勤而行之. ⑤　若
경. ④ 여등　단당근이행지. ⑤　약

在山間[85]若空澤中　若在樹下　閑
재산간　약공택중　약재수하　한

處靜室[86]念所受法　勿令忘失. ⑥
처정실　염소수법　물령망실. ⑥

---

84) 所欲利益 - *說**
85) 若在山間 - *於**
86) 閑處靜室 - 閒***

常當自勉 精進修之 ⑦ 無爲空死
상당자면 정진수지 ⑦ 무위공사

後致憂悔.87) ⑧ 我如良醫 知病說
후치우회.　⑧ 아여양의 지병설

藥　服與不服　非醫咎也. ⑨ 又如
약　복여불복　비의구야. ⑨ 우여

善導　導人善導88)　聞之不行　非導
선도　도인선도　　문지불행　비도

過也.
과야.

87) 後致憂悔 − **有*
88) 導人善導 − ***道

【18】 ① 汝等 若 於苦等四諦 有
① 여등 약 어고등사제 유

所疑者 可疾問之 勿得懷疑[89] 不
소의자 가질문지 물득회의　불

求決也. ② 爾時世尊 如是三唱
구결야. ② 이시세존 여시삼창

人無問者 所以者何 衆無疑故. ③
인무문자 소이자하 중무의고. ③

爾時阿㝹樓馱[90] 觀察衆心 而白
이시아누루다　관찰중심 이백

---

89) 勿得懷疑 – 毋***
90) 阿㝹樓馱 – *兎*馱

佛言. ④ 世尊, 月可令熱 日可令
불언. ④ 세존, 월가령열 일가령

冷 佛說四諦 不可令異. ⑤ 佛說
냉 불설사제 불가령이. ⑤ 불설

苦諦眞實 是苦[91]不可令樂. ⑥ 集
고제진실 시고　불가령락. ⑥ 집

眞是因　更無異因. ⑦　苦若滅者
진시인　갱무이인. ⑦　고약멸자

卽是因滅, 因滅故果滅. ⑧ 滅苦
즉시인멸, 인멸고과멸. ⑧ 멸고

之道　實是眞道　更無餘道. ⑨ 世
지도　실시진도　갱무여도. ⑨ 세

---

91) 眞實是苦 － 實苦

尊, 是諸比丘 於四諦中 決定無疑.
존, 시제비구 어사제중 결정무의.

【19】　① 於此衆中　所作未辦者
　　　　　① 어차중중　소작미판자

見佛滅度　當有悲感.　② 若有初入
견불멸도　당유비감.　② 약유초입

法者　聞佛所說　即皆得度.　譬如
법자　문불소설　즉개득도.　비여

夜見電光　即得見道.　③ 若所作已
야견전광　즉득견도.　③ 약소작이

辦 已度苦海者 但作是念 '世尊滅
판 이도고해자 단작시념 '세존멸

度一何疾哉.' ④ 阿㝹樓馱[92] 雖說
도일하질재.' ④ 아누루다 수설

是語[93] '衆中皆悉了達 四聖諦義',
시어 '중중개실요달 사성제의',

世尊欲令 此諸大衆 皆得堅固 以
세존욕령 차제대중 개득견고 이

大悲心 復爲衆說. ⑤ 汝等比丘.
대비심 부위중설. ⑤ 여등비구.

勿懷憂惱.[94] ⑥ 若我 住世一劫
물회우뇌. ⑥ 약아 주세일겁

---

92) 阿㝹樓馱 – *兎*馱
93) 雖說是語 – **此*
94) 勿懷憂惱 – **悲*

會亦當滅 ⑦ 會而不離 終不可得
회역당멸 ⑦ 회이불이 종불가득

⑧ 自利利人[95]法皆具足. ⑨ 若我
⑧ 자리이인 법개구족. ⑨ 약아

久住 更無所益. ⑩ 應可度者 若
구주 갱무소익. ⑩ 응가도자 약

天上人間 皆悉已度. ⑪ 其未度者
천상인간 개실이도. ⑪ 기미도자

皆亦已作 得度因緣.
개역이작 득도인연.

【20】 ① 自今以後 我諸弟子 展
① 자금이후 아제제자 전

---

95) 自利利人 － ***他

轉行之 則是如來法身 常在⁹⁶⁾ ②
전행지 즉시여래법신 상재　　②

而不滅也. ③ 是故當知 世皆無常
이불멸야. ③ 시고당지 세개무상

④ 會必有離 ⑤ 勿懷憂也.⁹⁷⁾ ⑥
④ 회필유이 ⑤ 물회우야.　　⑥

世相如是. ⑦ 當勤精進 早求解
세상여시. ⑦ 당근정진 조구해

脫. ⑧ 以智慧明 滅諸癡闇.⁹⁸⁾ ⑨
탈. ⑧ 이지혜명 멸제치암.　　⑨

---

96) 常在 － *住
97) 勿懷憂也 － ***惱
98) 滅諸癡闇 － ***暗

世實危脆　無牢强者.99)　⑩　我今
세실위취　무뢰강자.　　⑩　아금

得滅　如除惡病.　⑪　此是應捨.100)
득멸　여제악병.　⑪　차시응사.

罪惡之物　仮名爲身　沒在生老病
죄악지물　가명위신　몰재생노병

死大海.101)　⑫　何有智者　得除滅
사대해.　　⑫　하유지자　득제멸

之　如煞怨賊　而不歡喜.102)
지　여살원적　이불환희.

---

99) 無牢强者 - *堅牢*

100) 此是應捨 - ****之身

101) 沒在生老病死大海 - **老病生死**

102) 如煞怨賊 而不歡喜 - *殺** ****

【21】 ① 汝等比丘, 常當一心 勤
　　　① 여등비구, 상당일심 근

求出道. ②　一切世間　動不動法
구출도. ②　일체세간　동부동법

皆是敗壞　不安之相. ③　汝等　且
개시패괴　불안지상. ③　여등　차

止　勿得復語　時將欲過　我欲滅度.
지　물득부어　시장욕과　아욕멸도.

④　是　我寂後之所敎誨.[103]
④　시　아최후지소교회.

<鳩摩羅什 古代中國漢語 譯 佛遺敎經 終>
〈구마라집 고대중국한어 역 불유교경 종〉

---

103) 我寂後之所敎誨 － *最*****

釋迦牟尼佛 精勤
석가모니불 정근

南無靈山
나무영산

鶴樹雙存
학수쌍존

是我本師
시아본사

釋迦牟尼佛 … 釋迦牟尼佛
석가모니불 … 석가모니불

天上天下無如佛
천상천하무여불

十方世界亦無比
시방세계역무비

世間所有我盡見
세간소유아진견

一切無有如佛者
일체무유여불자

故我一心歸命頂禮
고아일심귀명정례

용어 해설

불교(佛敎): 나쁜행동 하나라도 하지마시고,　諸惡莫作(제악막작)

착한행동 빠짐없이 모두하시고,　衆善奉行(중선봉행)

깨끗하고 맑은마음 가지십시오.　自淨其意(자정기의)

이세가지 일곱부처 불교입니다.　是諸佛敎(시제불교)

(법구경 여래품)

독송용 불유교경(부처님의 유언)에 꼭 필요한 용어에 대해서 최소한의 해설만을 제시합니다. 자세한 용어해설은 다른 자료를 참고하시기 바랍니다.

감각적인 일 : 감각적인 일에 끌려 다닌다는 것은, 눈·귀·코·혀·피부가 바라는 것에 걸려서 색·성·향·미·촉을 지나치게 추구하는 것을 말합니다.

겁(劫) : ① 대개의 경우 긴 세월의 단위로 사용됩니다. ② 범천의 하루, 즉 인간세계의 사억 삼천이백만 년을 말합니다. ③ 개자겁; 둘레 40리의 성에 개자를 가득 채운 후 3년마다 한 알씩 가지고 가서, 개자가 없어질 때까지의 시간을 말합니다. ④ 반석겁; 둘레가 40리 되는 돌을 하느님들이 입는 매우 가벼운 비단 옷으로 3년마다 한 번씩 스쳐 지나가서, 돌이 전부 닳아 없어질 때까지의 시간을 말합니다.

계율 : 계율은 크게 금계와 권계로 나누어집니다. 금계는 오계·십계 등 금지하는 계율입니다. 권계는 육바라밀·십바라밀 등 권장하는 계율입니다. 금계만을 말하기도 합니다.

공덕 : 세 차원에서 생각할 수 있습니다. ‘① 착한 행동을 하여 복덕을 쌓음, ② 착한 행동을 하여 쌓은 복덕이 누적되어 있음, ③ 자신의 복덕을 누림’의 뜻으로 사용할 수 있습니다. 그러나 공덕을 쌓으면서도 공덕을 쌓았다는 생각 그물에 걸

리지 않아야 참으로 공덕을 쌓았다고 할 수 있습니다. 특히 부처님의 말씀을 받아 지녀 독송하거나 남에게 설해 주는 것이 최상의 공덕입니다. 부처님의 경전을 가까이 하고, 남들에게 경전을 보시하여 많은 공덕을 쌓기를 기원합니다.

공사상 : 불교의 정의에 있는 "깨끗하고 맑은 마음 가지십시오"가 공사상을 의미합니다. 금강경 3장에 "모든 중생들—알로 생긴 중생이나 태로 생긴 중생이나 습기로 생긴 중생이나 변화하여 생긴 중생이나, 형상이 있는 중생이나 형상이 없는 중생이나, 생각이 있는 중생이나 생각이 없는 중생이나 생각이 있지도 않고 없지도 않은 중생들—이 모든 중생들을 모두 '고통이 전혀 없는, 완전한 기쁨의 세상'으로 모시겠다는 마음을 가져야 합니다. 한량없이 많고 셀 수 없이 많고 끝없이 많은 중생들을 기쁨 세상으로 모시면서도, 중생들을 완전한 기쁨 세상으로 모신다는 생각은 조금도 하지 않아야 합니다. 중생들을 완전한 기쁨 세상으로 모신다는 생각을 하는 보살은 참된 보살이라고 할 수 없습니다. 왜냐? '자기·인간·중생·생명 중심적 생각'을 하는 보살은 참된 보살이라고 할 수 없습니다"라는 구절이 있습니다. 여기서 "중생들을 완전한 기쁨 세상으로 모신다"는 생각은 조금도 하지 않는 것이 바로 공사상입니다.

공양 : 매우 광범위한 의미를 가지고 있는 말입니다. 간략하게 ① 식사한다, ② 부처님이나 부모님·스승님·죽은 이 등께 재물을 바친다, ③ 부처님의 가르침을 실천한다 등의 의미가 있습니다.

구경열반 : 최고의 바른 깨달음을 말합니다.

권계 : 육바라밀은 보시바라밀, 지계바라밀, 인욕바라밀, 정진바라밀, 선정바라밀, 지혜바라밀을 말합니다. 십바라밀은 육바라밀과 방편바라밀, 원바라밀, 역바라밀, 지바라밀을 합쳐서 말하는 경우입니다.

금계 : 오계는 "살생하지 마십시오, 도둑질하지 마십시오, 사음하지 마십시오, 거짓말하지 마십시오, 술을 먹지 마십시오"를 말합니다. 십계는 "① 살생하지 마십시오, ② 도둑질하지 마십시오, ③ 사음하지 마십시오, ④ 거짓말하지 마십시오, ⑤ 꾸밈말을 하지 마십시오, ⑥ 이간질을 하지 마십시오, ⑦ 욕설을 하지 마십시오, ⑧ 탐욕을 부리지 마십시오, ⑨ 화를 내지 마십시오, ⑩ 어리석지 마십시오"

를 말하기도 하고(유통본), ① 목숨이 다하도록 중생을 죽이지 마십시오, ② 목숨이 다하도록 훔치지 마십시오, ③ 목숨이 다하도록 음행하지 마십시오, ④ 목숨이 다하도록 거짓말을 하지 마십시오, ⑤ 목숨이 다하도록 술을 마시지 마십시오, ⑥ 목숨이 다하도록 꽃다발을 쓰거나 향을 바르지 마십시오, ⑦ 목숨이 다하도록 노래하고 춤추는 짓을 하지 말고 악기를 쓰기 마십시오, ⑧ 높고 넓은 평상에 앉지 마십시오, ⑨ 목숨이 다하도록 때가 아니면 먹지 마십시오, ⑩ 금·은·보물로 몸을 가리지 마십시오(율부)를 말하기도 합니다.

단락구분 : 불교 경전의 경우 장이나 절을 구분하지 않았습니다. 그래서 어떤 구절에 대한 출처를 화엄경이라고 했을 때 사실상 찾을 길이 거의 없었습니다. 그래서 역자들은 장과 절을 구분하였습니다. 불유교경의 경우에는 장 구분은 우학스님(불조삼경, 도서출판 좋은 인연)을 참고하였고, 절 구분은 독자적으로 하였습니다. 1장은 서론, 2장은 계율, 3장은 마음, 4장은 음식, 5장은 수면, 6장은 분노, 7장은 교만, 8장은 아첨, 9장은 욕심, 10장은 만족, 11장은 안거, 12장은 정진, 13장은 염, 14장은 선정, 15장은 지혜, 16장은 희론, 17장은 공덕, 18장은 의심해결, 19장은 제도, 20장은 법신과 육신, 21장은 부촉의 장입니다.

사성제 : 부처님의 출가 동기가 된 인간의 고뇌를 말합니다. 즉 고집멸도를 말합니다. 고란 무엇이며, 그 원인은 무엇이며, 고가 없는 이상적인 상태는 어떤 것이며, 그 이상에 이르려면 어떻게 해야 하는가를 4단계로 나누어서 설한 것을 사성제라고 합니다. (고) 생도 고이며, 늙음도 고이며, 병도 고이며, 죽음도 고라고 생로병사의 4고를 설하시고, 이어서 원한이 있거나 미운 사람을 만나는 것도 고이며, 사랑하는 사람과 헤어져야 하는 것도 고이며, 갖고자 하는 것을 구하지 못하는 것도 고이며, 색·수·상·행·식의 5음이 극성하는 것도 고라고 4고를 더 설했습니다. 이것이 고제인 것입니다. 고야말로 자기탐구, 이상탐구의 근본 동기가 되기 때문에 고를 강조해서 설한 것입니다. 인간의 고뇌를 성스러운 진리라고 보는 석존의 세계관·인생관이 곧 불교의 특성이며 독자성인 것입니다. (집) 고의 원인을 집제라고 합니다. 집은 원인, 기원이라는 뜻입니다. 이것도 저것도 모두 욕심을 내고 갖고싶다는 마음이 한도 없고 끝도 없이 불길처럼 타오르는 욕망 때

문에 고가 생긴다는 것입니다. 이를 불교에서는 갈애라고 표현합니다. 목마른 자가 결사적으로 물을 구하고자 하는 치열한 욕구, 즉 탐욕을 표현하는 말입니다. 이 갈애를 다시 3가지로 구분해서 설명합니다. 욕애-이는 감각적인 쾌락을 추구하는 갈애이며, 유애-이는 생존하려는 갈애입니다. 물욕도 성욕도 다 스러진 노인이 살고자 하는 욕망, 이런 것을 유애라고 합니다. 그리고 무유애-유애와는 반대로 삶을 포기하려는 갈애입니다. 삶의 번거로움, 생존 경쟁 등에서 도피하려는, 나만 없어지면 하는, 생의 의욕을 상실한 상태입니다. 인간은 이런 갈애 때문에 생명이 있는 한 괴로워하게 되고, 그로 인해서 죽은 뒤까지 윤회하는 원인이 된다고 합니다. 이 윤회의 원인이 바로 업이며, 업은 곧 갈애의 나타남입니다. (멸) 그리고 고뇌를 극복한 상태, 즉 고가 없는 상태를 멸제라고 합니다. 갈애를 남김없이 멸해버려서 해탈하여 집착이 없어진 것을 말합니다. 다시 말해서 불교의 이상인 열반이 곧 멸진인 것입니다. 다만 석존이 남김없이 멸하라고 한 것은 욕망 그 자체가 아니라, 고를 일으키는 끓어오르는 욕망, 즉 갈망하는 상태를 삼가라는 것입니다. 즉 끝없이 타오르는 갈망으로부터 벗어나라는 것입니다. 석존은 이 욕망 자체를 선악 이전의 상태-불교에서는 무기라고 함-로 본 것입니다. 욕망은 모두 선하다든가 모두 악하다고 단정하는 것이 아니라 소욕·지족하여 과도한 욕망에서 벗어나라는 것입니다. (도) 끝으로 고뇌를 극복하고 편안함에 이르는 길을 도제라고 합니다. 석존은 고뇌를 극복하고 이상의 경지인 열반에 이르기 위한 수행의 방법으로써 8가지의 길을 설했습니다. 이를 팔정도라고 합니다.

새천년 육하원칙 : 전통적으로 육성취(六成就)라고 하였습니다. 모든 불경은 원칙적으로 ① 누가 ② 누구랑 ③ 언제 ④ 어디서 ⑤ 어떻게 하시는 것을 ⑥ 누가 보고 들었는지의 새천년 육하원칙(육성취)로 시작되어야 합니다. 지난 천년의 육하원칙은 "언제, 어디서, 누가, 무엇을, 왜, 어떻게"였는데, 이 중에서 "왜"는 과학적으로 영원히 밝힐 수 없다는 것이 확인되었고, "무엇"은 "어떻게"에 포함되어 있는 사항입니다. 최근 언론에서도 소위 기사 실명제라는 것이 도입되면서, "누가 보고 들었는지?"가 관심의 초점이 되고 있습니다. 또 "누구랑"도 매우 중요합니다. 따라서 불교에서 말하는 육성취, 즉 불교 육하원칙이 새시대, 새천년의 육

하원칙이 되어야 할 것입니다. 그런데 필자가 본 한글 불경의 경우, 전부 "이와 같이 나는 들었다" 혹은 이와 유사한 형태로 시작되고 있었습니다. 누구에게서 들었다는 말입니까! "1250명"이라는 말을 누구에게 들었단 말입니까! 육성취, 육 하원칙은 한 문장에 들어 있어야 할 것입니다. ① 누가 ② 누구랑 ③ 언제 ④ 어 디서 ⑤ 어떻게 하시는 것을 ⑥ 누가 보고 들었는가?의 불교 육성취는 새천년 육 하원칙입니다.

수기 : 부처님께서 보살이나 이승들에게 다음 생에 부처가 될 것을 예언하시는 말 씀.

오근 : 눈·귀·코·혀·피부.

오식 : 안식·이식·비식·설식·신식, 즉 색성향미촉을 말합니다. 전오식이라고 도 합니다.

오욕 : 눈·귀·코·혀·피부가 원하는 것, 즉 색성향미촉을 말합니다. 혹은 재· 색·음식·명예·수면욕을 말하기도 합니다.

육성취 : 모든 불교 경전은 원칙적으로 육성취(새천년 육하원칙), 즉 ① 누가 ② 누 구랑 ③ 언제 ④ 어디서 ⑤ 어떻게 하시는 것을 ⑥ 누가 보고 들었는지가 분명히 들어 있어야 합니다. 새천년 육하원칙 참고.

제도 : 자신이나 남을 고통에서 구해 내어 기쁨 세상으로 가도록 하며, 궁극적으 로는 부처가 되도록 하는 것.

최고의 바른 깨달음 : 무상정등각을 말합니다. 최상의 큰 깨달음이라고 하기도 합 니다. 그러나 현재 한국에서 최고봉과 최상봉은 구분되어 사용되며, 어느 봉보다 도 높은 봉은 최고봉이라고 하고 비교하여 최상급에 속하는 봉은 최상봉이라고 하므로 무상을 최고로 번역하였고, 정등은 '큰'보다는 '바른'이 더 적절하다는 지 적이 있어 바른으로 번역하였습니다.

최초의 설법 : 초전법륜, 부처님께서 성불하신 후 처음으로 하신 설법.

최후의 설법 : 부처님의 마지막 설법.

팔정도 : 팔정도는 계학·정학·혜학(삼학)과 같은 내용으로서 불교 실천윤리의 기본입니다. ① 정견－바른 견해. 불교의 바른 세계관·인생관, 즉 지혜. ② 정사

-정견이 총체적이고도 기본적인 바른 견해임에 대해 정사는 개개인의 실제 행동에 앞선 바른 의사, 또는 결의. 이상 두 가지는 지혜에 관한 것입니다. ③ 정어-바른 언어. 거짓말·이간하는 말·쓸데없는 말을 삼가고 진실하고 이익된 말을 하는 것. ④ 정업-바른 행동. 살생·도둑질·삿된 음행을 삼가고 생명을 존중하고 보시행을 하는 등의 선행. ⑤ 정명-바른 생활. 하루하루의 삶을 바르게 하고 바른 생업으로 생활하는 것. 이상 세 가지는 계율에 관한 것이며 다음의 세 가지는 선정을 나타낸 것입니다. ⑥ 정정진-물러서지 않고 바른 노력을 꾸준히 계속하는 것, 즉 이상을 향해 노력하는 것. ⑦ 정념-바른 의식을 지니고 무상·무아 등 불교의 근본도리를 늘 염두에 두고 잊지 않는 것. ⑧ 정정-바른 명상. 사색 또는 정신을 통일하는 것을 말합니다. 선정이니 삼매니 하는 것과 같음. 이상 8가지의 바른 길은 생각으로는 쉽게 할 수 있지만 실생활을 통해 실천하기는 매우 어려운 일입니다. 그래서 도라고 한 것입니다.

행복훈련과 불교

역자는 심리학 교수입니다. 더 분명히 말하면 상담심리전문가, 심리치료자, 정서·행동 장애아 교육학자입니다. 서양 이론들의 한계를 극복하고자 동양의 지혜를 심리상담에 접목시키려 하던 중 '행복훈련'을 개발하였습니다. 행복훈련 참석자들은 거의 전원이 '자신을 위대한 성현으로 존경하고, 가족·이웃을 자신의 몸과 같이 사랑할 수 있는 격한 경련'을 경험합니다. 정상인은 물론이고 우울증·불안·강박증·불면증 등의 신경증 환자와 정신분열증 진단환자까지도 상당한 호전을 보이며 인생 최고의 행복을 체험합니다. 서양의 어떤 심리상담에서보다도 많은 행복을 주었다고 자부합니다.

행복훈련이 성공을 거두었던 가장 큰 이유는 아마도 동양의 지혜에 대한 관심이었을 것으로 봅니다. '동양의 지혜'라면 누가 뭐라 하여도 불교입니다. 불교라면 누가 뭐라 하여도 금강경입니다. 20대 초반에 시작된 동양 유랑은 50이 되면서 초점을 잡고 금강경을 공부하게 되었습니다. 금강경을 독송하던 중, 필자는 '근원도 알 수 없는, 나 자신의 저 깊고 깊은 곳에서 생명의 빛이 흘러나오는 것'을 발견했습니다. '나와 모든 생명이 함께 하는 빛, 생명의 빛'이 나의 깊은 곳에서 나오고 있었습니다. 나의 웃음 속에 묻어 있던 공허함은 급격히 감소되고 나의 웃음은 더 우렁차게 되었습니다. 여러 신비체험들은 감히 여기 싣지 않겠으나, 날씨와는 무관하게 밖에서 불어오는 법풍(法風, 진리의 바람)은 필자의 몸과 마음을 지금도 가끔씩 시원하게 해 주고 있습니다. 상담심리학자로서의 필자는 '남을 위한 행복훈련'의 작은 집에서 벗어나 '나와 남을 함께 행복나라로 안내하는 진정한 행복훈련자'가 되어 가고 있습니다.

혼자 보기가 너무 안타까워서 선배·동학들과 뜻을 보아 현대어로 번역하고 무비스님의 권유로 출간한 것이 인연이 되어 지금은 행복훈련보다 불교 경전 번역에 더 강력한 추진력을 갖게 되었습니다.

고맙습니다

역자가 부처님 말씀을 번역하여 출간할 수 있게 된 배경에는 너무나 많은 분들의 은혜가 있었습니다. 도저히 존함들을 나열할 수 없을 정도로 많습니다. 다음 분들에게 특히 많은 은혜를 입었습니다.

첫 고마움은 아무래도 용성스님을 비롯 앞서 이 길을 걸었던 많은 불경 번역가들에게 전해야 할 것 같습니다. 중국인들조차 거의 읽지 못하는 고대 중국한어를 번역하느라 참으로 수고하셨습니다. 화화회(*화*엄경과 *화*이트헤드를 연구하는 모임)에서 발표한 저의 초역은 선배 번역가들의 번역을 약간 현대어로 바꾼 것에 불과합니다.

둘째 고마움은 안형관 선배님과 강수균 선배님을 비롯한 화화회 회원들에게 드려야 할 것 같습니다. 사독비나 회의비는커녕 식사비조차도 각자 지참하면서 몇 년에 걸쳐 매주 몇 시간씩 원고를 교정해 주고 가르쳐 주신 두 분 선배님과 강태진, 전영숙, 김정자, 김정옥, 박호진, 조현재, 이근배, 왕가년, 송위덕, 최경희, 이희백, 정기언, 최명식, 권현용, 박정숙, 황경열, 최송실, 김남희, 박현조, 김연지, 고원자, 전태옥, 이경순 회원님들을 비롯한 수많은 회원들에게 깊은 감사를 드립니다.

셋째 고마움은 무비스님께 올려야 할 것 같습니다. 천진난만하시며(?), 대자대비에도 걸리지 않으시는 '살아계시는 대 성현의 모습'을 보여 주시고, 자상한 가르침을 베풀어 주셨습니다. 금강경에 대해서는 감수를 해 주셨고, 그것도 모자라 보현행원품에서부터는 공역자의 자리에까지 내려와 주셨습니다. 황송하고 황망할 뿐입니다. 참으로 고맙습니다.

역자가 번역한 불경들의 출간을 허락해 준 출판사에 감사드립니다. 역자의 번역들은 단행본은 계약 출판사에 출판권이 있으나, 각 사찰의 신행 수첩이나 다른 출판사의 불교 성전 혹은 인터넷에서도 활용할 수 있습니다. 그렇지만, 역자의 서면 동의를 받은 후에 사용해 주시면 고맙겠습니다. 신행 수첩 등에 활용할 수 있도록 협조해 주신 출판사에 진심으로 감사드립니다.

더불어, 정기법회·환영법회·수계법회·이사법회·개업법회·가정법회·참회법회·합격기도법회·창립기념법회·명절법회·신년법회·송년법회 등을 고대 중국 한자말이 아닌 현대 한국말로 봉행하고자 하는 종단이나 사찰 혹은 신도님들께서 연락주시면 화화회와 필자가 열과 성을 다하여 명을 받들겠습니다.

모두 모두 부처님 되십시오. 대심 조현춘(011-809-5202) 합장.

무비(無比)스님
· 범어사에서 여환(如幻)스님을 은사로 출가
· 통도사와 범어사 강주(역임)
· 조계종 종립 승가대학원 원장(역임)
· 조계종 교육원장(역임)
· 역 · 저서 : 금강경 이야기, 금강경 강의, 금강경오가해, 보현행원품 강의, 화엄경 강의, 법화경(상, 하),
　　　　　　한글 화엄경(12권), 불교공부, 지장경 강의, 천수경, 예불문과 반야심경 등.

조현춘
· 경북대학교 심리학과 교수(현)
· 행복훈련원 지도교수(현)
· 화엄경과 화이트헤드연구회 회장(현)
· 홈: www-2.knu.ac.kr/~happiness 한국동서정신과학회 행복교실
· 역서 : 심리상담과 치료의 이론와 실제, 성격심리학, 아동이상심리학,
　　　　　집단심리상담의 이론과 실제, 심리학의 이해 등.

무비스님과 조현춘 교수의 공동 저서
　한글세대를 위한 독송용 금강경, 한글세대를 위한 독송용 보현행원품,
　한글세대를 위한 독송용 아미타경, 한글세대를 위한 독송용 관음경,
　한글세대를 위한 독송용 지장경, 한글세대를 위한 독송용 불유교경(부처님의 유언) 등

한글 세대를 위한 독송용 불유교경

초판 1쇄 인쇄/2004년 4월 20일
초판 1쇄 발행/2004년 4월 26일

공역/무비 · 조현춘
펴낸이/김시열
펴낸곳/도서출판 운주사

등록 제2-754호
주소/서울특별시 성북구 동소문동 6가 25-1
Tel/02)926-8361, Fax/02)926-8362
http : //www.buddhabook.co.kr

값 6,000원

잘못된 책은 바꾸어 드립니다.